사랑하기 전부터 사랑한 것 아니냐

시에시선 **091**

사랑하기 전부터
사랑한 것 아니냐

김재우 시집

詩와에세이

차례__

제1부

첫눈 세일 · 11
호외(號外) · 12
오독하다 · 13
사랑 치과에서 · 14
그대를 생각하다가 · 15
사랑하기 전부터 · 16
실종 · 17
밤눈 · 18
개기월식 · 19
꽃 몸살 · 20
꿈방울 · 21
엽서 · 22
노란 울음 · 23
붙이지 않은 편지 · 24
자화상 · 26

제2부

마스크 시대 · 29
겨울비 21 · 30
4월 16일 · 31
세월호 떠오르다 · 32
완성되지 않는 문장 · 34
역사의 봄 · 36
폭설 · 37
HOMO FINGERTUS · 38
외상 · 39
간판들의 아비규환 · 40
허공의 집 · 42
토끼풀 · 43
부처님 똥통에 빠지다 · 44
어느 겨울밤 · 46
무정부주의적으로 · 47

제3부

만추 · 51
야시(野詩) · 52
업데이트 · 53
삼천사 마애불 앞에서 · 54
풍경 · 55
대청봉 · 56
노적봉이 사라지다 · 57
꽃자리 · 58
단둘자 · 59
꽃과 숨 · 60
피차간 · 61
연말 정산 · 62
겨울 거울 · 63
적나라(赤裸裸) · 64
춘몽(春夢) · 65

제4부

화룡점정 · 69
없는 귀 · 70
갈대와 억새 사이 · 71
숨은 신 · 72
비의 · 74
한 겨를 · 76
다움 · 77
시작과 끝 · 78
사람들 사이 · 79
허공의 코드 · 80
욕망 · 81
바늘귀 · 82
재건축 · 83
나는 왜 가난한가 · 84
꽃의 나이 · 85

해설 | 김홍진 · 87
시인의 말 · 118

제1부

첫눈 세일

하나로 농협 시장에서
아내와 함께 김장용 배추 몇 단 사고
계산대 앞에 섰는데
육십이 넘어 뵈는 여점원이
계산할 생각을 잊고
고개를 돌려 창문만 바라보고 있다
워매! 첫눈이 오네요
워매! 첫눈이 저렇게 크게 내려요
계산대 앞에 줄을 선 고객들이
일제히 고개를 돌려
첫눈을 사러 온 것처럼
한참이나 창문을 바라보았다
계산대 뒤쪽에서
젊은 남자 직원이 외친다
첫눈이 옵니다
첫눈이 오니 첫눈 세일합니다
동해안에서 첫눈 맞으며 올라온
싱싱한 생선 반값에 드립니다

호외(號外)

긴급 뉴스 떴다
하늘의 신문사에서
호외를 뿌리고 있다
온몸으로 호외를 읽는 사람들은
눈사람이 되어
거리로 쏟아져
함성을 지르고 있다
무슨 희소식인가
나도 눈사람 되어
지상 천국 선포란 표제하에
하얗게 쏟아지는
호외를 읽는다

오독하다

빽빽한 아파트 지하 주차장
주차 공간 밖에 주차된 차 유리에
메모가 꽂혀 있다

이 사랑은 중립이 되지 않으니
전화 주시면 바로 내려가겠습니다
010 4592 ****

그렇다 사랑은 중립이 없다
지금 전화할 테니
망설이지 말고 내게로 오라

가끔 사랑은 오독되곤 한다

사랑 치과에서

치과 의사는
달콤함이 치통의 원인이라고 말하며
이빨 사이에서
몇십 년 묵은 첫 키스를 제거하였다

이제 아리지 않겠단다

만성 치통 같은
하이얀 첫사랑의 기억
마취 풀리듯 지워지겠다

그대를 생각하다가

그대를 생각하다가
세 정거장을 더 갔습니다
그대를 생각하다가
엘리베이터 버튼을 누르지 못했습니다
그대를 생각하다가
저녁이 오고 새벽이 밝아왔습니다
그대를 생각하는 것이 나의 일과
그대를 생각하는 것이 나의 일생
외롭지도 슬프지도 않았습니다
그대를 생각하다가
날이 저물고 생이 저물었으나
그대를 생각하면
언제나 새날이었고
생은 다시 환해졌습니다

사랑하기 전부터

바람이 아슬하게 부는데
서로 이렇게 보고 싶은 것은
바람 불기 전부터
서로 사랑한 것이 아니냐
안개비가 꿈길처럼 내리는데
이렇게도 그리운 것은
비 내리기 전부터
우리 사랑한 것이 아니냐
눈 내리고 다시 꽃은 피는데
이렇게도 사무치는 것은
사랑하기 전부터
사랑한 것 아니냐

실종

너를 찾아 헤매다
나를 잃어버렸다

밤눈

자정 구역에 눈 내리네
경계를 지우며 눈이 내리네
마지막 전철이 지상 구간을 지나고
늦게 귀가하는 사람들은
휴대폰을 닫고 창밖을 바라보네
마스크를 쓰고 다시 고개를 숙인 채
꿈 없이 잠든 꿈 밖으로
차창을 스치며
손짓하듯 눈이 내리네
우두커니 바라보는 눈에
눈송이처럼 날아드는 이름 하나
기억을 더듬듯
출입문에 손가락 낙서를 하다가
두 정거장을 더 지나쳤네
눈이 내리네
차창을 두드리던 눈송이 따라와
내 머리 위에 내려앉네

개기월식

내 그림자가 그대에게
그늘이 되어주는 것이
사랑이겠느냐
내 그림자가 그대에게
벗어나 주는 것이
사랑이겠느냐
대답도 없이
고운 얼굴 감추었다,
수줍게 다시 피었네

꽃 몸살

꽃이 필 때
나는 아프다

꽃대가 올라올 때
안간힘으로 뿜는 뜨거운 향기
그 열기에 몸살 든다

꽃이 필 때
너는 아름답지만
나는 앓는다

꿈방울

연꽃잎은 빗방울의 꿈
빗방울은 연꽃잎의 꿈
두 꿈이 하나 되는 찰라의 연못에
연꽃잎 구름 한 조각 떠 있다
연꽃잎 안 옥구슬 속으로
벗은 물방울로 들어가 웅크려
또르르 또르르 너에게 닿고 싶다
스스로 무지개다리를 놓아
한 조각 찬란한 꿈에 닿고 싶다

엽서

시월 하늘에서
엽서 한 장 받았다
보낸 이도
지명도 도로명도 없는,
흰 구름 한 장에
구절초 소인이 찍혀 있는,
엽서 한 장 받았다
아직 기다리는 답장 같은,
아니, 잊은 약속을 깨우는
한 편의 가을 연서를 받았다

노란 울음

그대 떠나보내고
잎 떨구는 은행나무 아래 앉아
눈을 감고 있었다
은행잎이 무더기로 떨어져도
그대 생각뿐
아무 소리도 들리지 않았다
마침 는개비가 내리고
단호하게 일어서 우산을 펼쳤다
함께 받던 우산 아래
홀로 서니 들렸다
은행나무가 소나기처럼 우는 소리
노랗게 울음이 쌓이는 소리

붙이지 않은 편지

가슴에 화석처럼 새긴 사연 꺼내
꽃잎 우표 붙여 볼까

아직 붙이지 못한 편지
입술 발라 봉해서 바람에 띄울까
저 강물에 놓아 볼까

잠시 춘몽에서 그대를 보았네
무의식에서도 떠도는 사연
구름 엽서에 써 보낼까

한 계절이 가고 또 한 해가 가고
반평생이 가도 보고 싶은 얼굴
가슴에 낙관처럼 새겨진 이름

아, 아직 붙이지 못한 편지
꽃잎 우표를 붙여 보낼까
그냥 구름 엽서로 보낼까

끝내 붙이지 않는 편지
그래서 영원히 간직하는 편지

자화상

수배된 내 영혼
거울 속에 포위되어 갇혔네
그리움이 빠져버린
외로움만 굴 껍데기처럼
다닥다닥 붙어 있는
깡그리 불태우지 못한,
사랑의 죄
깡마른 내 영혼
초점을 잃고 퀭한
낯선 슬픈 눈

제2부

마스크 시대

죽음의 시대가 도래하였다
수많은 마스크가 죽어갔다
마스크는 장례식도 없이 아무 데나 유기되었다
마스크가 죽어간 만큼
마스크는 또 태어나 죽어갔다
말없이 죽음의 키스를 마치고
전사처럼 죽음에 저항한
마스크들의 죽음을 아무도 애도하지 않았다
죽음의 시대를 아무도 두려워하지 않았다
죽음은 나의 것이 아니라
타자에 속한 것이었다
마스크의 화장터가 부족해도
그건 뉴스에 불과하였다
주검은 자막에 뜨는 숫자에 불과하였다
삶이 죽음보다 더 끔찍했다

겨울비 21

오미크론 같은 비가 내리네
붉은 신호등 앞에
하얀 마스크에 검은 우산을 쓴 사람들이
국경 통과를 기다리는
불법 이민자들처럼 서 있네
코로나 국경을 통과하면
푸른 신호등이 켜지고
검은 우산 위에
백신 같은 첫눈이 내릴까
푸른 신호등을 기다리는 출근길 건널목에
변종 코로나바이러스 같은
겨울비가 스멀스멀 내리네
이 국경을 통과하면
이번 생은 틀렸어! 버리고 떠나온
약속을 찾을 수 있을까
가슴에 마그리트의 겨울비 내리네

4월 16일

그날은 흘러가지 못하고
다시 돌아와 오늘이 되네
4.16초 동안 눈을 감으면
그 바다에도 봄이 왔다고
304송이 진달래 피네
눈을 뜨면, 홀연
눈물바다에 핀 눈물 꽃이네
해마다 오늘이 오면
그 바다에도
엄마 엄마 부르며
선홍빛 눈물 꽃 피네

세월호 떠오르다

떨리는 가슴 글썽이는 눈
문드러지는 손가락과 손톱의 기억을 안고
세월호가 올라왔다
잔물결 하나에도
가슴에 파도치는 불안 불안 불안
세월호가 올라왔다
감추려는 세월을 안고 떠올라
진실은 침몰하지 않는다고
세월호가 올라왔다
봄이 왔다고
못다 핀 꽃 피워보고 싶다고
세월호가 올라왔다
슬픔이 눈물 한 방울이 무슨 대수랴
우리들은 모두 죄인
우리들의 원죄가 떠 올랐다
엄마! 아빠! 추웠다고 보고 싶었다고
친구들아! 새봄 새학기라고
세월호가 올라왔다

한평생 통곡하여도 씻지 못할
쓰리고 쓰린 우리들의 원죄
세월호가 떠올라 왔다

완성되지 않는 문장

그때처럼 춥다, 번개탄에 십구공탄이 불붙는 저녁은 차라리 행복했다 연탄불에 굽는 오징어 냄새는 향기로웠다

소주 한 잔에 오징어 다리 하나로 가난과 시대의 어둠을 태우던 밤은 따스했다 꿈 없이 꿈을 꾸다 잠에서 깨면 구들장은 얼음장이 되어 있었다 소주병들은 희망이 비워진 채 쓰러져 있었다

짓이겨진 담배꽁초들의 절망을 다시 태우면 어김없이 부릅뜬 강추위가 몰아쳤다 차라리 밤이었으면, 아침이 오지 않았으면, 누가 희망을 말하는가, 희망없이 희망을 희망하는 것은 고문일 뿐이었다

쓰나미처럼 밀려오던 독재와 운명처럼 견뎌야 했던 가난, 하면 된다, 하면 된다, 구호에 속아 취해봤지만 누가 무엇을 하란 말이었던가

주어가 없던 시절 목적어가 사라진 시절, 하면 된다, 하면 된다, 사랑한다, 사랑한다, 외쳤어도 문장이 되지 않았다

해마다 연말은 오고 지금도 그때처럼 춥다 몇십 년에 걸쳐 청춘을 잃고 생을 소모한 대가로 간신히 주어는 찾았으나 아직도 목적어를 찾아 헤매고 있다
언제쯤일까, 언제쯤일까, 그날은, 아직도 문장 하나 완성하지 못하고 있다

역사의 봄

꽃들이 한꺼번에 올라오고 있습니다
사월 한 달 임시로 봄꽃 전용 차선제를 실시합니다
매화 산수유 목련 개나리 진달래 벚꽃
속도를 올리며 무작정 상경하고 있습니다
서울에 도착한 꽃들이, 닥치고,
서울 평양 간 새로 단장한 신 통일로를 달려
휴전선을 넘고 백두산 천지까지 올라가
한반도에 봄을 선포합니다

폭설

상식의 병에
하얀 알약 두 알을 먹고 자다 깨니
세상이 하얗다
상식 밖에
몰상식이 수의처럼 세상을 덮었다
폭정에 앓던 세상이 폭폭해서
비상식적으로 약을 많이 먹었나 보다
아침인지 저녁인지 시간도 멈췄다
구급차 사이렌 소리만
세상을 흔들어 깨워 보고 있다

HOMO FINGERTUS

언제부터인가
손가락은 더 이상 신체의 말단 기관이 아니다
언제부터인가
내가 손가락을 움직이는 것이 아니라
손가락이 나를 움직인다
언제부터인가
나와 나의 세상은 손가락 끝에 달려 있다
언제부터인가
손가락은 명령하고 나는 행동한다
손가락은 손가락이 클릭하는 대로
나와 세상이 움직이도록
완벽한 손가락 혁명을 수행 중이다

외상

거동이 불편한 백발 꼬부랑 할머니
포이동 가는 마을버스에 오르고 있다
먼저 탄 할머니의 내민 손으로
겨우 버스에 오른 할머니가
손에 쥐고 있던 천 원 지폐 한 장
정성껏 요금통에 넣었다
이때, 출발이 늦은 기사님이 말했다
할머니! 할머니! 백 원 더 내셔야 합니다
할머니는 무표정하다
옆에 앉아 있던 할머니가 대신 대답했다
제가 백 원 더 낼게요
듣지 못한다는 것을 안 기사님이 말했다
아뇨, 아뇨 괜찮습니다
할머니! 할머니! 출발합니다
다음에 타실 때 백 원 더 내세요

간판들의 아비규환

상가 건물에 간판들이 요란하다
바위에 석화처럼 따닥따닥 붙었다
소주방 찜질방 노래방 그리고 교회
부동산 중개소 한식집 한의원
마사지 미인클럽 피시방 안과 그리고 점집
명찰을 단 간판들이 먹고 살자고
먹고 살아보자고 어깨를 밀치고 있다
빌딩에 말없이 붙어 있던 간판들이
어둠이 밀물처럼 밀려오면
시끄럽게 욕설도 퍼붓고
영역 다툼으로 주먹다짐도 해서
상가 건물을 지날 때면 귀가 멀겠다
과묵한 간판들은 석화처럼 붙어 침묵하다가도
힘든 세상 목구멍에 풀칠이라도 하자고
목이 쉬도록 호객 행위도 하고
이웃 간판과 낄낄거리기도 하고
때론 멱살 잡고 싸우기도 한다
자신의 이름이 떨어지지 않기 위하여

썰물 때 쓸려나가지 않기 위하여
간판들은 밀려왔다 밀려가는 고해를 향해
안간힘으로 소리 지르며 저항하고 있다

허공의 집

겨울 나목 우듬지에
빈집 하나 세입자를 기다리네
까치는 잠깐 살다 떠났네
한낮엔 태양이 쉬어가고
한밤엔 별들이 내려와 쉬다가
새벽에 떠나기도 하네
지금은 바람으로 용마루를 만들고
몇 점의 구름으로 이엉을 엮어 얹힌 채
집 없는 사람을 기다리고 있네
전세 월세 걱정 없이도 살 수 있고
역세권이 아니어도 좋고
출퇴근 걱정도 없고
집값 등락 걱정도 없는
무위의 집 한 채
잠깐 깃들어 살다 허허하게 떠날
세입자를 기다리는
허공의 집 한 채

토끼풀

편도선염에 결석하고
긴 잠에서 깨면 하얀 대낮
대청마루 밖엔 흰 알약을 뿌려 놓은 것처럼
토끼풀이 흐드러져 있었다
아픔도 마비시키던 하얀 바다
토끼처럼 순한 그 꽃들
나를 어루만지던
진통제 같은 그 꽃들
다 어디로 갔을까 궁금했는데
봄날을 여읜 몸살에
몇 알의 알약을 삼켰더니
지천으로 하얀 꽃들이 피어났다

부처님 똥통에 빠지다

부처님 변기통에 빠졌네
내 손안의 부처님
나를 조종하던 부처님
똥통에 빠졌네
손가락 하나로 손안의 부처님 어루만지면
세상을 열어 주던 만능의 부처님
어쩌나 똥통에 빠졌네
아이쿠! 어쩌나 어쩌나!
나무아미타불 관세음보살
구급차를 불러 부처님을 구조해
서비스 센터로 갔네
부처님을 해체하고 수리하는
손밖의 부처님을 만났네
부처님 액정이 나갔습니다
라고 말씀하시는 손밖의 부처님이
손안의 부처님 액정을 교체했네
손가락으로 부처님 어루만지니
다시 세상이 밝아오네

나무아미타불 관세음보살

어느 겨울밤

바느질을 끝낸 할머니는
화롯불에 달궈진 인두로
하얀 동정을 다렸다
함박눈은 창호문 밖 마당에
푸짐하게 쌓이고
누나는 땅에 묻힌
항아리의 눈 덮인 덮개를 열어
하얗게 살얼음 낀
한 양푼 동치미를 퍼 왔다
다섯 식구들은 도란도란
화로에 익은 군고구마 한 입
동치미 한 모금
동짓달 밤은 길고 깊었다
백구도 잠 못 이뤄
하얗게 달무리 진
보름달을 짖었다

무정부주의적으로

나는 의심한다
고로 존재한다
국가라는 제도를 의심하고
정부라는 제도를 의심하고
선거라는 제도를 의심하고
투표라는 과정도 의심한다

나는 거부한다
고로 존재한다
자유라는 미신을 거부하고
선택이라는 허구를 거부하고
이념이라는 거짓을 거부하고
정당이라는 패거리를 거부한다

제3부

만추

잎새들
제 뿌리에
돌아가 눕는

그러므로
청춘도 철학도
털어버리고

그러하게
지금은 정녕
오직 벌거벗은 힘*

*알프레드 테니슨의 naked strength 차용

야시(野詩)

누가 써 걸어 놓았나
시월의 나무에 전시된 한 잎의 시
이 찬란한 압축
이 고요한 생략
이 시린 상징
이 완벽을 해임해 버리는
나무 공화국의 풍자
해임을 거부하는 마지막 한 단어마저
바람을 불러 탄핵해 버리는
이 아이러니!
아 완벽한 시
끝내 야시
마침내 무정부 나시(裸詩)

업데이트

가을에 자동 로그인했다
새로운 버전의 가을이 준비되었습니다
업데이트하시겠습니까?
잠시 망설이다 예, 눌렀다
몇 초 업데이트가 진행되다가
새로운 메시지가 떴다
슬픔의 용량이 꽉 찼습니다
업데이트를 계속하려면
대용량 파일을 지우십시오
오래된 대용량 슬픔에 체크하고
삭제키를 눌렀다
더 이상 해묵은 슬픔은 없다
이제 햇가을이다
햇슬픔을 저장할 공간을 확보했다

삼천사 마애불 앞에서

기도하는 사람이 아름답다
누가 생을 두려워하랴
누가 생을 두려워하지 않으랴
합장한 백발의 여인
엎디어 일어날 줄 모르네
보아라
기도하며 부처가 되는 사람을
기도하다 마애불이 되어
영겁을 사는 존재를
마애불 바위 속에서는
천 년의 묵언 기도 고요하고
풍경 소리 잔잔히 내려앉는데
합장한 백발 한 분
일어날 줄 모르네

풍경

바람의 문자
꽃잎처럼 눈송이처럼 날린다
허공에 흩어져
완결되는 소리의 문장
해체의 작문으로
적멸의 사바를 깨우고 있다

대청봉

설악을 바라본다

소청 중청 대청…
잠시 눈 감으면
무청 같던 내 청춘에
다시 첫눈이 내린다

이제 멀구나
모두 떠났구나

시간의 허기를 때우려
햇푸른 대청봉을
한입 베어 먹었다

노적봉이 사라지다

북한산 백운대에 올라
산을 벗어버린 노적봉을 바라보았다
노적봉이란 이름에 사로잡혀
내려오는 내내
상상력을 동원해 이미지를 쌓아올렸다
이슬이 쌓여 된 봉우리라니
무지개가 몇 겹으로 뜰 것 같았다
하산할수록 노적봉은
상상의 이슬로 높아만 갔다
집에 돌아와
노적봉이란 단어를 검색했을 때
노적봉은 사라져 버렸다
떠나간 노적봉이여,
내게 다시 돌아오라
아슬아슬한 이생에
이슬 한 방울 한 방울 쌓아 올려
무지개를 볼 수 있도록
이생 살만큼 견딜 수 있도록

꽃자리

밤새 빗소리 요란하더니
비 그친 새벽
그 자리에 꽃이 피었다

빗소리에 기대어
밤새 울었는지

아픈 자리마다
빗소리 삼킨 붉은 울음이
활짝 피었다

단둘자

부부란 무엇인가
둘이면서 하나, 하나이면서 둘
가까이 가까이 한평생 함께해도
영원히 하나가 아닌 둘
einsam 혹은 zweisam
하나의 고독이
또 하나의 고독을 만나
가슴에
사랑이란 공동 명찰을 달아보지만
더 큰 고독에 속울음 우는 단둘자
단독자와 단독자가 만나
사랑 앞에 선 단둘자

*단둘자: 키르케고르의 '단독자'에 대응한 니체의 Zweisamkeit의 한글식 조어임

꽃과 숨

함박,
꽃 피었다

꽃의 날숨으로
의상봉 원효봉 노적봉 백운대
봉우리들이 피어올랐다

꽃의 들숨으로
백운대 노적봉 원효봉 의상봉
어스름 속 꽃문을 닫았다

피차간

눈 내리는 황혼 녘
눈송이에 실려 흩날리는 하얀 종소리
떨어진 종소리 밟으며 오르니
산사 앞마당에
하얀 꽃물결 속 붉은 저녁놀
가부좌한 스님의 뒷모습 고요하네
예불 소리에 얼어붙었던
처마 끝 고드름
눈발이 흔드는 풍경 소리에
눈물방울 뚝 뚝,
똑 똑,
산 아래 두고 온 봄을 노크하네
여기가 피안인가 저기가 차안인가
피차간에 뚝 뚝, 똑 똑,
피차 마찬가지인가
허허, 허허,
꽃 문이 열리겠네

연말 정산

올해도 세금이 과다했다
사랑은 하루하루 노동의 대가가 아니라
고된 생의 보너스로 입금되었으나
반은 쓸쓸함이란 세금으로
원천 징수 되었다
남은 사랑도 일부는 외로움에
나머지는 그리움에 대부분 소비되었다
연말 정산을 해봐도
사랑은 남은 것이 없고
과다 징수한 쓸쓸함에서
일부 환급받는 사랑이
되레 상처가 되어 가슴을 후벼팠다

겨울 거울

겨울은 거울이다
존재를 비추어
숨겨진 본질이 적나라하게
드러나게 하는
시간의 거울이다

적나라(赤裸裸)

나무들은 각기 하나의 문장
울긋불긋 매달리던 형용사들
찬바람 피해 사전 속으로 돌아갔다
십일월의 문장에는 수식어가 없다

체로(體露)의 존재들, 각기
체로(體露)의 문장 하나

춘몽(春夢)

아직 1절도 부르지 못했는데
꽃이 지네
잠시 나비 꿈에 졸았을 뿐인데
이별이네

제4부

화룡점정

할머니의 장독 간장
최후의 맛을 내는 것은
완숙한 보름달이다
장독이 열리기만을 기다리며
하늘에서 온 마음을 부풀리다가
어느 날 밤
할머니가 장독을 열자마자
장독 간장 속으로 첨벙 뛰어들어
두둥실 한 점 찍는 보름달이다

없는 귀

없는 귀로 들었다
없는 한 귀로
목탁 소리를 듣고
없는 한 귀로 풍경 소리를 들었다
없는 한 귓속으로
목탁 소리 쌓이고
없는 한 귓속으로
풍경 소리 쌓였다
없는 두 귀가 막혔다
없는 귀로 없는 속세와 없는 열반을
비로소 들었다
없는 두 귀를 잃어버릴까 두려워
없는 호주머니에 넣고
꼬오옥 쥐고 돌아왔다

갈대와 억새 사이

갈대와 억새 사이에서
누가 갈대이고 누가 억새인지 헷갈리네
어찌 흔들리는 것이 갈대뿐이랴
억새도 흔들리고 있다네
어찌 으악 으악 슬피 우는 것이 억새뿐이랴
갈대도 빈속을 속울음으로
칸칸이 채운다고 하네
나는 갈대와 억새 사이에서
흔들리기도 하고 울기도 하네
누가 갈대인지 누가 억새인지
나는 지금도 헷갈리네

숨은 신

퇴근길 지하철 3호선 안에서
허가받지 않은 잡상인이
보이지 않는 신을 팔고 있다
상품은 보여 주지도 않고
신을 사지 않으면
모두 지옥 간다고 한다
진짜 신을 죽였을지도 모를 자가,
진짜 신을 헌신짝처럼 버렸을지도 모를 자가
짝퉁 신을 팔고 있다
지옥 가기를 작정한 사람들은
밀리는 지옥철 안에서
아랑곳하지 않고
짝퉁 신을 사는 대신
스마트폰을 경배하고 있다
신은 죽지 않고
짝퉁 신을 파는 자가 두려워
스마트폰으로 숨었나 보다
지옥철 속의 사람들은

모두 진지하게 숨은 신을 찾고 있다
나도 신을 찾고 있다

비의

의태와 의성의 반복이
세상을 뒤덮었다

상징의 비바람이 휘몰아치고
은유의 우산이 펼쳐졌다

가릴 수는 있으나
피할 수는 없었다

해독되지 않는 암호들처럼
빗줄기 쏟아졌다

의태와 의성으로 직조된
천둥과 번개가 해체된 뒤

세상은 로제타 이전의 스톤처럼
그저 그렇게 서 있었다

나도 그렇게 비를 맞으며
비의로 서 있다

한 겨를

꽃이 한 번 피었다,
지는 사이
왜 이렇게 소란한가

나비가 한 번 앉았다,
날아간 사이
왜 이렇게 소란한가

고요하여라
단 한 번의
짧은 봄날

다움

바다가 바다인 것은
거기 섬이 서 있기 때문이다
하늘이 하늘인 것은
거기 구름이 떠 있기 때문이다
인생이 인생인 것은
거기 한 점 고독이 빛나기 때문이다

바다가 아름다운 것은
거기 배 한 척 떠 있기 때문이다
하늘이 아름다운 것은
거기 새 한 마리 날기 때문이다
인생이 아름다운 것은
거기 사랑이 피어나기 때문이다

시작과 끝

이상 끝!
담배 연기 허공으로 흩어지며
외치네, 이상 끝!
끝이 없다면
처음만 지속한다면
시작은 얼마나 지겨울 것인가
흔적 없이 허공으로 사라지는
끝은 얼마나 아름다운가
이상 끝!
담배 연기는 시작을 태웠네
시작이 없다면
끝이 어떻게 아름다울 수 있겠는가
끝이 없다면
시작은 왜 타오르겠는가
시작도 끝도
이상 끝

사람들 사이

사람들 사이에
맨 사람들인데
난 사람이 그립다

맨 사람들 사이에
내가 있는데
난 내가 그립다

그러그러한 사람*이 되기 싫은 까닭이다
마지막 사람**이 되기 싫은 까닭이다

*하이데거의 das mann 번역
**니체의 용어에서 차용

허공의 코드

코드가 맞지 않아
220볼트도 110볼트도 맞지 않아
이 세상과 코드가 맞지 않아
어댑터를 써 봐도 소용없어
방전되어 가는 희망을
충전할 수 없어
희망의 눈금은 자꾸 내려가는데
지상의 전압으로는
코드를 맞출 수 없어
허공의 구름에 코드를 꽂네

욕망

나는 욕망한다
고로 존재한다
나는 억압된 욕망을 욕망하고
금지된 욕망을 욕망한다
나는 욕망하는 욕망이다
고로 나는 존재한다

바늘귀

나이 들어가는 아내가
와이셔츠 소매에 단추를 달려고
모처럼 반짇고리를 꺼냈다
자른 손톱보다 가는 바늘의 귀에
실을 넣으려 애쓰다가
혼잣말을 중얼거리며
못내 실과 바늘을 내게 건넸다
아내의 말을 듣지 않던
바늘이 내 말도 듣지 않는다
긴 세월 장롱 속에서 갇혀
세상을 듣지 못한 가는 바늘이
가는귀를 먹었다

재건축

비가 내린다
빗물은 빼고 빗소리를 모은다
굵은 것은 굵은 것대로
가는 것은 가는 것대로
모으고 다듬어
사라진 것 아득한 것들을 재건축하곤 한다
오늘은 날씬한 빗소리를 골라 세워
허물어진 사랑을 다시 짓고
잊힌 이름도 복원해 본다
다시 지은 집이 채 완공되기도 전에
추억들이 입주한다
앨범 밖으로 외출한 주인공들이
집들이를 한다

비 오는 날은 공치는 날이 아니라
재건축 공사하기에 좋은 날이다

나는 왜 가난한가

열심히 죽으라고 해서
나는 매일 매일 죽는데
내 삶은 왜 가난한가
열심히 코 박고 죽으라고 해서
나는 코가 납작해졌는데
내 삶은 왜 남루한가
나는 매일 매일 죽고
통장엔 부의금이 쌓이고
이자도 복리로 늘어나
억만금도 넘었을 텐데
왜 내 삶은 갈수록 핍박해지는가
다시 한 번 죽으려고 눈을 뜨는데
창문 틈새로 가늘게 스며드는 햇빛에
부유하는 먼지가 죽도록 아름답다

꽃의 나이

갓 피어난 꽃이 예뻐서
한참 바라보다가
꽃의 나이를 물으니
그저 활짝 웃음꽃 피었다
그렇구나
꽃은 일찍 피어도 십팔 세
늦게 피어도 십팔 세
피어난 꽃은 모두 십팔 세
형형색색 아름다운 동갑

해설

고통과 황홀을 통한 세계 탐구

김홍진(문학평론가 · 한남대학교 교수)

1. 침착과 음유(陰柔)의 시풍

김재우 시인의 시집 『사랑하기 전부터 사랑한 것 아니냐』는 시적 대상이 무엇이든 그것의 본질에 다가갈 수 있는 심미적 감각을 보여준다. 그의 시의 밑변을 흐르는 인간 개체로서의 실존적 고뇌와 혼탁한 세계를 예민하게 감각하며 그것의 본질을 확인하고 회복하려는 의식은 투철한 자기 성찰의 내면성으로부터 비롯한다. 그의 시는 사물의 미세한 떨림을 포착하고, 그것의 본질을 투명하게 드러내려는 노력이며, 서정시가 내장한 본래의 정서적 환기력을 극대화하려는 시도로 읽을 수 있다. 단형의 압축 정제된 형태미를 근간으로 하는 그의 시편들은 행간을 침묵으로 채워 놓을 수 있는 절제의 미덕을 지니고 있으며, 다소 무겁고 침착한 편이다.

동양 시학에서 시의 풍격 가운데 하나인 침착은 말이

나 행동이 들뜨지 않고 차분함을 가리킨다. 이때 침(沈)은 시인의 심경이나 기분이 차분히 가라앉은 상태, 착(著/着)은 무언가를 꽉 붙잡고 놓지 않고 골몰하는 상태를 의미한다. 그러니까 침착은 시인의 감정이 무겁게 가라앉은 것을 가리키는 동시에 어떤 감정이나 의식이 시인을 굳세게 사로잡고 있음을 뜻한다. 김재우의 시편들은 대체로 이러한 침착의 성향이 강하여 다소 어둡고 부드러운 음유의 정조(陰柔)를 띤다. 그의 시편은 "주검은 자막에 뜨는 숫자에 불과하"(「마스크 시대」)다는 진술이 환기하는 것, "너를 찾아 헤매다/나를 잃어버"(「실종」)린 사랑의 황홀과 고통을 노래할 때, 그리고 "손가락은 명령하고 나는 행동"(「HOMO FINGERTUS」)하는 자본주의 기술 문명사회를 비판적으로 지각할 경우, 또 "해독되지 않는 암호들"(「비의」)과 같은 삶과 세계의 존재론적 본질을 탐색할 때 음유의 정조는 더욱 두드러져 있다.

  그리고 그 음유와 침착의 대척점에는 밝고 건강하며 맑고 투명한 양강(陽剛)의 정조가 자리한다. 이때 김재우 시인의 시편은 "연꽃잎 구름 한 조각 떠 있"고 "벗은 물방울로" "또르르 또르르 너에게 닿고 싶"(「꿈방울」)음과 같이 맑고 깨끗하며, 삶의 생기와 아름다운 향취로 가득하다. 이 시집에서 양강의 분위기를 창출하기 위해 전략적으로 사용하는 이미지 군들이 모두 자연 사물이나 현상,

그리고 밝고 투명하며 맑고 흰 계열의 색채 이미지, "벌거벗은 힘"(「만추」)과 "붉은 울음이/활짝 피"(「꽃자리」)는 굳고 경건(勁健)한 포즈를 드러내는 역설적 표현을 통해 확인할 수 있다. 그의 시적 욕망, 그의 지배적 정조를 이루는 전반적 성향으로서 음유적 풍격의 근저에는 어쩌면 양강의 상실에서 비롯하며, 동시에 이를 회복하려는 꿈의 역설적 표현일 것이다. 말하자면 재앙의 위기, 기술 문명에 의한 인간성의 상실을 계기로 삼아 자아 성찰의 존재론적 본질을 탐색해 밝고 건강한 세계를 재창조하고 싶은 욕망이 이 시집의 밑변을 구성하는 듯하다.

김재우 시인은 '마스크 시대'로 은유한 환란의 현실, 특히 시집의 제2부에 주로 포진한 시편들이 함축한 자본주의 기술 문명과 상품 논리가 배태하는 부정적 역사 현실의 상황과 모순까지도 자신에게 집중하고 이를 통해 새로이 창발하는 건강한 생명 세계의 발현을 꿈꾸는 듯하다. 이러한 거대한 꿈의 아우라 속에서 이 시집이 지향하는 중심축은 크게 두 가지로 결집된다. 우선은 개인적인 주제, 즉 존재론적 탐구나 사랑을 노래할 경우이다. 그리고 역사 현실의 사회적인 주제, 자본주의적 질서와 기술 문명, 우리 사회의 모순과 부조리에 착목하는 경우가 그것이다. 따라서 세계를 구성하는 한 개체로서의 주관적 개인성과 역사 현실이라는 공통의 사회성이라는 이질적인 세계가 어떤 동일성을 갖고 있는가를 밝혀내는 일이야말로 시집 『사랑하기 전부터 사랑한 것 아니냐』의 핵심적인 의미가 될 것이다. 왜냐하면 김재우 시인의 시편들은 인간의 내밀한 본성을 성찰적으로 인식하는 관심의 비중만큼 역사 현실에 관심을 보여 주고 있기 때문이다. 그의 시편은 삶에 대한 존재론적 인식과 구심적 상상력만큼이나 인간사나 세상사와 같은 외부 세계를 시적 대상으로 하는 원심력의 상상력, 즉 삶과 세계에 대한 관계론적 인식을 중심으로 파급하는 자본주의 기술 문명사회의 비인간화, 폭력성, 가난과 소외의 문제 등을 형상화한다.

2. 양강의 정신이 그리는 원형의 원형

앞서 말했듯 시집 『사랑하기 전부터 사랑한 것 아니냐』는 대체로 어둡고 무겁다. 그러나 그것은 영원성이나 이상, 원형이 파괴되고 인간성이 폐절된 황폐한 세계를 비판적으로 성찰하고, 그 파괴된 원형의 원형을 향한 꿈의 역설적 표현이다. 그것은 참된 인간성 내지는 인정 회복을 지향하는 염원의 역설적 표현이기도 하다. 그리하여 김재우 시인이 이 시집에서 초점화하는 사랑의 상처와 고통이 주는 황홀, 인간 실존의 내면성과 존재론적 본질의 탐색, 그리고 인간성을 마멸시키는 자본주의 문명의 질서와 욕망이 배태한 역사 현실에 대한 부정적이며 비판적 인식은 궁극적으로 원형의 파괴와 훼손에서 비롯한다. 김재우 시인의 시적 무의식이 지향하는 세계는 이 대척점에 존재하는 일상의 감동적 순간과 공동체의 인간적 가치가 살아 숨 쉬는 세계, 즉 양강의 세계이다.

>하나로 농협 시장에서
>아내와 함께 김장용 배추 몇 단 사고
>계산대 앞에 섰는데
>육십이 넘어 뵈는 여점원이
>계산할 생각을 잊고
>고개를 돌려 창문만 바라보고 있다
>워매! 첫눈이 오네요
>워매! 첫눈이 저렇게 크게 내려요
>계산대 앞에 줄을 선 고객들이
>일제히 고개를 돌려
>첫눈을 사러 온 것처럼
>한참이나 창문을 바라보았다
>계산대 뒤쪽에서
>젊은 남자 직원이 외친다
>첫눈이 옵니다
>첫눈이 오니 첫눈 세일합니다

동해안에서 첫눈 맞으며 올라온
싱싱한 생선 반값에 드립니다
—「첫눈 세일」 전문

  첫눈을 맞이하는 순간의 아름다움과 그것이 일상에서 어떻게 특별한 의미를 갖는지 별다른 시적 의장 없이 단순하게 노래하는 인용 시는 '첫눈'처럼 그저 티 없이 맑고 투명하다. 시적 화자는 첫눈이 내리는 순간을 중심으로 일상적 상황 속에 숨겨진 의미를 유쾌하고 경쾌하며 유머러스하고 따뜻한 시선으로 그려낸다. 특히 '첫눈'을 맞이하는 사람들의 반응을 통해 시적 분위기를 경쾌하게 연출하는 점이 이채롭다. 자연 현상으로서 '첫눈'이 내리는 사태는 보통 낭만적 충동을 자극하며, 일상에서 벗어난 감성적이고 특별한 경험을 제공한다. 화자는 "첫눈이 오네요"를 반복하면서 그 순간이 얼마나 특별한지 환기하고, 그로 인해 일상적인 상황에 시적이고 감성적인 분위기를 조성한다.

  첫눈이 불러일으키는 감동은 "일제히 고개를 돌려" "한참이나 창문을 바라보"는 공유된 감정에서 고조되고, 또한 "첫눈 세일"이라 외치는 젊은 직원의 외침을 통해 무표정한 일상의 상업적 공간을 유쾌한 정감으로 처리하는 데서 시적 재미를 더한다. 첫눈이 가져오는 감동이나 설

렘, 그로 인해 사람들이 잠시 일상을 잊고 풍경을 바라보는 모습에서 소박하고 순수한 감정을 엿볼 수 있다. 첫눈을 맞이하는 기쁨의 순간을 공유하는 기념의 방식으로 일상적인 순간들이 어떻게 특별한 의미 가치를 지니는가는 "하얗게 쏟아지는" 눈을 "하늘의 신문사"가 '지상 천국을 선포하는 호외'(「호외(號外)」)로 받아들이는 것이나, 할머니가 "듣지 못한다는 것"을 알면서도 "다음에 타실 때 백 원 더 내세요"(「외상」)라고 말하는 버스 기사의 인정 넘치는 공감과 연대 의식에서도 연속한다.

 눈을 맞이하고 또 인정 가득한 공감의 연대 의식이 발현하는 이런 밝고 맑고 건강하며 유쾌한 양강의 풍경은 속악한 우리의 일상을 얼마나 배반하는 것인가. 이 풍경 속에서 일체의 세속적 삶의 번뇌나 고통, 갈등과 대립은 무화되어 있다. 한없이 조화롭고 평화롭기만 하다. 여기서 시인은 마치 만유인력 법칙을 구현하는 화신 같다. 시인은 눈 내리는 풍경을 끌어들이고 또 눈 속의 풍경으로 빨려 들어간다. 모든 세속적 삶의 욕망과 번뇌, 현실 원칙의 합리와 논리를 벗어나 투명하게 대상과 혼융하며 풍경과 하나가 된다. 시인은 현실의 분열과 분리, 모순과 갈등, 대립과 모순을 폐절하고 즉각적으로 '지상 천국'이라는 영원한 왕국을 건설하려는 듯하다. 그 따뜻하고 인정 넘치며 평화로운 일체성과 연대의 감각은 인간관계뿐만 아니라 자연과의 관계에서도 마찬가지이다.

> 할머니의 장독 간장
> 최후의 맛을 내는 것은
> 완숙한 보름달이다
> 장독이 열리기만을 기다리며
> 하늘에서 온 마음을 부풀리다가
> 어느 날 밤
> 할머니가 장독을 열자마자
> 장독 간장 속으로 첨벙 뛰어들어
> 두둥실 한 점 찍는 보름달이다
>
> ―「화룡점정」 전문

아름답고 조화롭다. 더 이상 무슨 말이 필요할까만, 인용 시는 "할머니의 장독 간장"이 "최후의 맛"으로 완성되는 절정의 순간을 노래한다. 화자는 그것을 완전함과 절정을 상징하는 보름달에 비유한다. 서정시의 '오래된 새로움'을 경쾌하고 활달한 어법으로 구현하는 인용 시는 우주적 원리로서 자연과의 상호 소통과 교감과 교응이라는 자연의 본성적이며 감각적 에너지에 의해 구축된다. 즉 "할머니의 장독 간장"은 '하늘의 온 마음'인 보름달과 소통한다. 이때 할머니는 하늘과 땅의 기운을 읽어낼

줄 아는 존재이다. 시가 주목하는 대상은 보름달이 두둥실 뜬 할머니의 장독대 간장독, 그래서 일상적 현실 저편 문명의 현실 원칙 너머에 있는 할머니의 성소이다. 이곳은 모든 분열과 모순이 사라지고 우주적 소통과 교감이 가능한 공간으로서 삶과 자연이 혼융하는 근원적 원초성이 그대로 살아 있는 곳이다. 화자는 일상의 저편에 자리하는 아늑한 꿈과 생명의 원천으로 우리를 이끈다. 그리하여 현실 원칙의 이성과 합리가 지배하는 일상의 진부하고 낡아빠진 삶에서 얻을 수 없는 충만한 생명과 고양된 감각, 우주적 교감이 이룩하는 충만한 감정을 느낄 수 있게 해준다. 그 느낌은 고요함과 평화로움, 지극한 내적 충일감과 따뜻한 안정감 같은 종류의 것이다.

할머니의 긴 발효의 시간을 거쳐 "최후의 맛을 내는 것"이나 조금씩 차오르는 시간을 지나 끝내 둥근 모습으로 꽉 찬 "완숙한 보름달"이 되는 것은 동일한 우주적 이치에 의한 것이다. 보름달과 간장독의 둥근 원의 이미지나 "최후의 맛"을 내기 위한 긴 발효의 기다림, 그리고 이에 대응하는 "하늘에서 온 마음을 부풀리"는 기다림이 환기하는 것처럼 차라리 간장독은 보름달이고, 보름달은 간장독이다. 둘은 서로를 동일하게 지정한다. 그것은 "장독 간장 속으로 첨벙 뛰어들어/두둥실 한 점 찍는 보름달이"라는 절묘한 비유에서도 쉽게 연상할 수 있다. 요컨대

이 시는 "할머니의 장독 간장"과 "하늘에서 온 마음을 부풀"린 보름달이 원초적으로 간직한, 그러나 지금의 현실적 삶에서는 찾을 수 없는 할머니와 간장독과 보름달의 상호 교감과 호응에 대한 재신비화이며 재신화화이다.

김재우 시인은 우리에게 잃어버린 온전한 우주적 교감과 생명의 신비한 질서를 감각하도록 한다. 할머니의 장독대와 보름달이 펼치는 우주적 소통과 교감은 대상을 감각하는 천진한 감수성과 상상력을 기반으로 한다. 이 기반 위에서 "하늘에서 온 마음을 부풀리다가" "장독을 열자마자" 간장독 속으로 "첨벙 뛰어들어/두둥실 한 점 찍는"다는 생동하는 언어 구사, 그리고 환상적이며 신비한 이미지의 조형은 우리를 아늑한 황홀경에 빠뜨린다. 우주적 질서와 소통하고 교감하는 평화롭고 원형적인 세계는 인두로 "하양 동정을 다"리는 할머니, 눈 덮인 항아리 속 "하얗게 살얼음 낀" 동치미와 고구마를 먹는 "동짓날 밤" "하얗게 달무리 진/보름달"(「어느 겨울밤」)을 그리는 데서도 반복된다.

3. 비극적 황홀로서의 사랑의 고통

시집 『사랑하기 전부터 사랑한 것 아니냐』를 구성하는 여러 의미론적 결 가운데 돋보이는 것 가운데 하나는 "너를 찾아 헤매다/나를 잃어버"(「실종」)리는 사랑의 고통과 황홀에 대한 탐구이다. 사랑의 고통과 황홀을 탐구하는 김재우 시인의 시편들은 특히 이 시집의 제1부에 주로 포진해 있다. 이 시편들은 어떤 방식이 되었든 사랑의 갈망과 황홀을 노래하고, 또 사랑을 잃고 그리워하는 고통의 여울 속에서 펼쳐진다. 그런데 여기에서 사랑의 탐구는 체험적 진실과 시에 형상화된 사건의 동일성은 중요하지 않다. 중요한 것은 시인의 정서적 현실이다. 따라서 사건으로서의 실체적 사랑이 아니라 시인이 빚어내는 마음의 현실로서의 "만성치통 같은"(「사랑 치과에서」) 사랑을 이해할 필요가 있다. 결론부터 말하자면 그 이해는 사랑하는 자의 특별한 감수성은 그를 쉽게 상처 입은 존재로 만들고, 가장 깊숙한 내면까지 가장 쉽게 상처를 입혀 주체의 내면성을 더욱 강화한다는 것이다.

 모든 인간은 영혼을 지지고 간 섬광과도 같은 사랑, 그 강렬한 빛과 굉음이 남긴 기억으로부터 자유로울 수 없다. 우리는 그 사랑의 쓰라림과 눈부심으로부터 결코 해방될 수 없다. 그렇다면 김재우 시인의 사랑 노래의 풍경은 무엇인가. 김재우 시인의 풍경은 사랑과 열정이 지나간 자리에 돋아나는 그리움과 고통과 상처의 풍경에서 돋아나는 황홀이다. 그것을 비극적 황홀이라 해 두자. 그의 여러 사랑 시편에서 보여주는 바와 같이 문득 스치는 바람과 햇살, 내리는 눈과 비, 돋아나거나 지는 나뭇잎,

상처처럼 개화하는 꽃, 하늘의 구름과 달, 이 모든 현상들은 상징적 가치를 머금고 설명할 수 없는 사랑의 심연을 구성한다.

> 그대 떠나보내고
> 잎 떨구는 은행나무 아래 앉아
> 눈을 감고 있었다
> 은행잎이 무더기로 떨어져도
> 그대 생각뿐
> 아무 소리도 들리지 않았다
> 마침 는개비가 내리고
> 단호하게 일어서 우산을 펼쳤다
> 함께 받던 우산 아래
> 홀로 서니 들렸다
> 은행나무가 소나기처럼 우는 소리
> 노랗게 울음이 쌓이는 소리
>
> ―「노란 울음」 전문

인용 시는 표면적으로 사랑하는 사람과 이별 후의 그리움과 상실감을 노래한다. 그런데 그것을 "은행나무가 소나기처럼 우는 소리"와 "노랗게 울음이 쌓이는 소리"로 감각함으로써 이별의 아픔과 그리움이 쏟아지는 빗소리처럼 울려 퍼지는 고통의 황홀을 느끼게 한다. 시상은 단순하다. 화자는 "눈을 감고" 떠난 '그대'를 생각하며 "은행나무 아래 앉아" 있다. 화자는 "사랑하기 전부터/이미 사랑"(「사랑하기 전부터」)했지만 이젠 떠난 "그대 생각"에 "은행잎이 무더기로 떨어져도/아무 소리도 들리지 않"을 만큼 몰입해 있는 것이다. 그런데 "마침 는개비가 내"려 깨어나고 "함께 받던 우산 아래/홀로 서니" 이제야 그 소리가 "들렸다"는 것이다. 이를테면 "홀로 서니"의 진술에서 암시받을 수 있는 것처럼 사랑이 떠난 후의 고통과 상처로 말미암아 비로소 진정 사랑을 감각하는 것이다. 그 감각이 느끼는 것은 "우는 소리"이며 "노랗게 울음이 쌓이는 소리"처럼 고통인 동시에 황홀감이다. 이 시에서 은행잎으로 비유한 '노란 울음'은 이별 후의 외로움과 그리움을 환기한다. 사랑을 떠나보낸 후에도 그리움은 계속해서 남고, 그 감정은 차츰 더해가며 울음처럼 쌓이는 것이다. 이 비극적 황홀을 매개로 시인은 실존을 확인하는 것이다.

모든 사랑은 매혹이지만 그 매혹의 끝은 '울음'이다. 그 '울음'은 사랑의 무상이며 허망이고 고통이다. 하지만 이 '노란 울음'이 말하는 것은 단지 사랑의 무의미와 허망함이 아니다. 노랗게 쌓이는 사랑의 '울음' 속에서 고통받으면서 비로소 사랑을 들을 수 있는 것이다. 고통은 가장

절실하게 우리가 살아 있음을 자각하게 만드는 매재이다. 홀로 선 '울음'의 고통 속에서야 우리는 비로소 사랑을 느낄 수 있고 들을 수 있다. 그래서 "노랗게 울음이 쌓이는 소리"라는 표현이 가능한 것이다. 그리하여 사랑의 고통스러운 '울음'은 노랗게 물든 은행나무의 "노란 울음"처럼 황홀하다. 그 노랗게 쌓이는 사랑의 황홀감은 사랑의 대상 '그대'가 발산하는 매혹에 몸을 맡김으로써 비롯되는 것이지만, 그 매혹은 사실 매우 위험한 것이었다는 것을 알아버린 순간에도 황홀은 지속된다. "그대 떠나보내고" "아무 소리도 들리지 않"는 공간은 외롭고 적막하지만, 그 적막감 속에서 사랑의 황홀은 더욱 예민하게 감각에 스며드는 것이다.

사랑의 고통과 황홀을 압축하는 "노랗게 울음이 쌓이는 소리"는 따라서 비극적 황홀이다. 이는 지난 사랑의 고통과 그리움을 통해 현재의 자아를 응시하고 재구성하려는 몸부림이다. 즉 이러한 황홀한 고통의 몸부림은 사랑의 주체가 자기의 삶을 정립하려는 노력의 일부이다. 바르뜨가 『사랑의 단상』에서 말하는 것처럼 상처는 주체의 내면성을 더욱 내밀하게 만든다. 사랑의 고통스러운 경험을 떠나서 산다는 것은 자신의 진정한 삶으로부터 추방당하는 것이나 다름없다. 그러므로 사랑의 고통과 그리움, 그 상실과 무상(無常) 속으로 들어가려는 분투는

참된 자아의 발견과 회복이라는 의미와 맞닿아 있다. 이러한 사랑의 고통과 황홀에 대한 본질적 응시가 김재우 시인의 사랑의 시 쓰기에 대한 어두운 기원을 이룬다. 김재우 시인은 그의 많은 사랑의 시편들에서 사랑의 상처와 고통을 육체적인 고통으로 표현한다. 그리고 그 사랑의 자각, 사랑을 통한 실존의 확인은 사랑의 우주적 확대를 불러온다.

    꽃이 필 때
    나는 아프다

    꽃대가 올라올 때
    안간힘으로 뿜는 뜨거운 향기
    그 열기에 몸살 든다

    꽃이 필 때
    너는 아름답지만
    나는 앓는다
                     —「꽃 몸살」 전문

 '꽃'으로 은유한 '너'의 자극으로 인해 사랑으로 아프고, '몸살'을 앓는 '나'의 몸은 자연의 일부로 지각된다. 사랑을 통해 '나'는 자연과 내밀한 관계를 맺는다. 사랑의 고통과 황홀로 인해 '나'는 '나'의 실존을 확인하는 것이다. 인용 시에서 명료한 표현을 얻고 있는 것처럼 화자는 "꽃이 필 때" "나는 아프"게 '몸살'을 앓으며 '너'를 '몸살'로 느끼고 감응한다. '너'는 내게 아픔이며 몸살이고 앓음이다. 말하자면 꽃이 핌은 아픔이고 상처이며 고통이면서, 동시에 사랑의 존재를 자각하고 자기를 확인하는 통로이다. "꽃이 필 때/나는 아프다"거나, "그 열기에 몸살 든다"거나, "나는 앓는다"는 표현은 상처와 고통의 덧남이며, 그 덧남은 역설적으로 개화로 비유된다. 꽃의 피어남으로 인한 '나'의 상처와 고통, 그 아픔과 몸살과 앓음은 단지 아픔이나 고통이 아니라 '너'의 느낌이 개화하는 자리로 화한다. '나'의 육체는 '너'로 인해 아픈 몸살에 들지만, 그 사랑의 고통으로 사랑의 감각을 소유할 수 있게 되는 것이다.

  반복하지만 꽃이 필 때 아름다움과 고통의 동시성을 보여주는 인용 시는 시제 "꽃 몸살"이 은유하는 것처럼 꽃이 피는 순간의 아름다움과 그에 따르는 고통의 황홀을 노래한다. 꽃은 아름답고 화려하지만, 그 아름다움 뒤에는 꽃을 피우기 위한 고통이 따른다. 화자는 이 과정을 자신의 감정과 연결 지어 사랑이나 존재론적 관계에서 느끼는 고통의 황홀을 표현한다. 꽃의 아름다움을 보면서 그 대가로 자신이 앓고 있다는 고백은 사랑의 아픔이 불러오는 황홀한 기쁨의 역설이다. 즉 사랑의 아름다움은 고통을 동반하며, 그 고통이 결국에는 더 큰 아름다움을 위한 과정임을 내포하는, 말하자면 사랑이나 인생에 대한 깊은 성찰을 담고 있다.

김재우 시인이 보여 주는 이런 비극적 황홀, "아픈 자리마다" "붉은 울음이/활짝 피"(「꽃자리」)는 사랑의 비극적 황홀은 사랑하는 대상이나 세계에 대해 끊임없이 말을 걸며 '나'의 존재를 확인하려는 욕망의 다른 이름이다. 시인은 고통을 통해 사랑에 감응하고 세계와 교감한다. 그래서 고통이란 또한 그의 시 쓰기의 다른 이름이기도 하다. 김재우 시인의 서정적 자아는 그 고통의 축제를 통해 사랑을 느끼고, 자아를 느끼고, 살아 있음을 느끼고, 세계 내에 존재하는 자신의 실존적 의식을 갖는다. 따라서 "가슴에 화석처럼 새긴"(「붙이지 못한 편지」) "불태우지 못한,/사랑의 죄"(「자화상」)는 진정한 사랑에 대한 욕망일 것이며, 피차간에 "꽃 문이 열리"(「피차간」)는 재생의 욕망일 것이고, 시인의 시 쓰기의 근원적 욕망일 것이다.

4. 존재론적 고독의 시적 자의식

사랑의 비극적 황홀에 연관하여 김재우 시인의 시집

『사랑하기 전부터 사랑한 것 아니냐』를 뚜렷하게 부조하는 또 하나의 의미론적 자질은 자아와 세계의 존재론적 본질을 탐색하는 데 있다. 서두에서 언급했듯이 김재우 시인의 시편들은 일상의 감동과 원형적 세계를 상상적으로 구성할 때를 제외하고는 대체로 침착한 음유의 경향이 짙은 편이다. 왜냐하면 시인이 다루는 주제들이 다소 무겁고 둔중하며 때로는 짙은 상실감과 고독감으로 인해 어두운 그림자를 드리우고 있기 때문이다. 또 직관적이며 압축 생략된 표현에 연유하는 형이상학적 이해를 요구하는 시편이 다수를 차지하기 때문이다. 그런 만큼 그의 서정 세계의 폭은 넓고 깊다. 사랑의 시편에서 보여주는 것처럼 개인의 실존적 자의식이나 존재론적 사유를 펼쳐 보이는 것도 있고, 시집 제2부에 포진한 역사 사회적 현실을 주목하는 시편들에서처럼 그 실존적 내면 바깥 편 쪽으로 외화되는 것도 다수를 차지하기 때문이다.

> 수배된 내 영혼
> 거울 속에 포위되어 갇혔네
> 그리움이 빠져버린
> 외로움만 굴 껍데기처럼
> 다닥다닥 붙어 있는
> 깡그리 불태우지 못한,

사랑의 죄
깡마른 내 영혼
초점을 잃고 퀭한
낯선 슬픈 눈

―「자화상」 전문

  자의식은 개체적 존재인 인간이 자기 승인을 전제로 수행하는 행동과 판단을 말한다. 이는 심리학적 차원의 개념으로 자의식은 자아와 관계하는 대상에 따라 여러 양상으로 나타날 수 있다. 인용 시에서 시적 자아가 대면하는 대상은 자기 자신의 내면적 얼굴이다. '수배', '포위', '빠져버린', '껍데기', '죄', '깡마른', '퀭한', '슬픈' 등 부정적 어휘 군으로 채색된 연유로 인해 대상과 단절 분리된 시적 자아의 고독한 심사를 확연하게 느낄 수 있는데, '거울'을 통해 내면의 갈등과 외로움, 그리고 사랑의 상처를 탐구하는 자의식적 성찰을 보여준다. 시적 자아의 영혼은 수배된 상태로 "거울 속에 포위되어 갇"힌 형국이다. '수배'나 '포위'는 "사랑의 죄"와 연관한 것으로 보이며, 따라서 영혼이 '수배'되고 "포위되어 갇혔"다는 진술은 "사랑의 죄"로부터 자신을 되찾으려 하거나 벗어나려 해도 끊임없이 고통과 갈등을 대면해야 하는 운명을 암시한다.

자아를 비추는 '거울'은 자화상을 그릴 때 빈번히 동원되는 상징적 사물로 자신의 존재론적 실체, 자의식의 민낯을 직면케 해준다. 그런데 자아의 모습을 직시하는 것이 곧 갇히게 되는 사태, 시적 자아는 "사랑의 죄"로부터 결코 벗어날 수 없는 고립된 현실에 처해 있다. 그 현실은 따뜻함이나 열정이 사라지고 "외로움만 굴 껍데기처럼/다닥다닥 붙어 있는" 것처럼 황량하다. 이러한 시적 자아의 황폐한 내면의 고독과 갈등은 "깡마른 내 영혼"과 "낯선 슬픈 눈"으로 집약된다. 그로 인하여 피폐한 내면의 고독은 더욱 강조된다. 결국 자신을 고립시키고, 그로 인해 내면의 갈등과 고독이 더욱 심화된 상태를 보여준다. 우리는 이 고독한 영혼의 자화상에서 김재우 시인이 그의 삶이나 시에서 갈망하는 사랑의 부피와 내질이 어떤 의미 자질을 내포하는지를 짐작할 수 있다.

    사람들 사이에
    맨 사람들인데
    난 사람이 그립다

    맨 사람들 사이에
    내가 있는데
    난 내가 그립다

그러그러한 사람이 되기 싫은 까닭이다
마지막 사람이 되기 싫은 까닭이다
—「사람들 사이」 전문

군중 속의 고독을 연상하게 하는 인용 시는 김재우 시인의 고독이나 외로움이 부정성을 띠는 것이 아니라는 점을 지시한다. 화자는 존재의 고독과 자아의 회복, 그리고 실존적 의미를 탐구하는 성찰적 메시지를 하이데거와 니체를 빌어 담아낸다. 즉 두 철학자의 개념을 차용하여 "사람들 사이"에서의 존재와 '나'라는 자아의 회복에 대한 갈망을 표현한다. 화자는 서두에서 "사람들 사이"에서 "사람이 그립다"고 진술한다. 이 구절에서 "맨 사람들"은 하이데거의 개념인 'das mann'에 해당한다. 이는 존재 가능성의 평균화를 의미한다. 이를테면 평범하고 규격화된 존재로서 고유한 개성이나 자아를 상실한 채 살아가는 사람들을 말한다. "난 사람이 그립다"는 진술은 그런 규격화된 존재들 속에서 고독하지만 자신만의 자아를 지키고 싶다는 갈망의 표현이다. 요컨대 고유한 개성과 정체성을 지닌 고독한 존재로서 자아를 되찾고 싶은 욕망을 환기한다.

다음에 화자는 "맨 사람들 사이에/내가 있는데/난 내

가 그립다"고 다시 진술한다. 이는 여전히 '나'라는 자아를 찾지 못한 상태를 의미한다. 화자는 자신이 존재한다는 사실은 인정하지만, 그 존재가 진정한 자아일 수 없다고 인식한다. 획일화된 존재로서 "그러그러한 사람"은 하이데거가 말하는 평범한 사람, 일반적인 사람, 규격화된 사람을 의미한다. 화자는 그런 무비판적이고 존재 가능성이 평균화된 존재가 되기를 거부한다. 자기 자신의 존재성에 대한 타율성을 거부하고 진정한 자아를 찾고자 갈망하는 것이다. 여기서 "사람들 사이"에서 "내가 그리운 이유"와 연결되면서 화자는 자신의 진정한 존재 찾기를 위해 몸부림치는 고독한 자아가 자리한다. 그리고 니체의 "마지막 사람"을 차용해 단지 생존만을 추구하는 존재이기를 다시금 거부한다. 니체는 진정한 인간을 의지와 열정으로 가득 찬 존재로 정의하며, "마지막 사람"은 그런 의미에서 퇴화된 존재로 여겼다.

김재우 시인은 "그러그러한 사람"이나 "마지막 사람"이 되기를 거부한다. 이들은 결국 그저 생존하는 것만으로 만족하는 상태로 시인은 그런 퇴화된 존재로 살기를 원치 않는다. 시인은 고독을 통해 진정으로 의미 있는 삶을 살고자 하는 의지를 내비치며, 그 삶은 단지 생존이 아니라 자아를 찾고, 자신만의 의미를 만들어가는 것임을 환기한다. 이로써 김재우 시인은 하이데거와 니체의 철학적 개념을 인유해 자아의 상실과 회복, 그리고 사회적 존재 속에서 참된 자아를 성찰하고 발견할 수 있는 통로를 제공하는 고독의 가치를 역설하는 것이다. 이처럼 김재우 시인은 참된 자아를 그리워하고 진정한 인간으로서의 존재를 회복하고자 하는 갈망을 고독을 통해 드러낸다. 그 고독은 "잎새들"이 "제 뿌리"로 "돌아가 눕는" "벌거벗은 힘"(「만추」)으로 진정한 강함과 불굴의 정신, 곧 인간 존재의 고립감이나 고독 속에서 드러나는 힘을 표상한다.

> 나무들은 각기 하나의 문장
> 울긋불긋 매달리던 형용사들
> 찬바람 피해 사전 속으로 돌아갔다
> 십일월의 문장에는 수식어가 없다
>
> 체로(體露)의 존재들, 각기
> 체로(體露)의 문장 하나
>
> ―「적나라(赤裸裸)」 전문

김재우 시인의 존재론적 고독, 혹은 자의식은 시에 대한 사유와 인식을 어렴풋이 보여주는 「야시(野詩)」, 「풍경」, 「적나라(赤裸裸)」와 같은 작품에서도 그대로 드러난다. 예컨대 인용 시는 그 가운데 한 편인데, 단순한 자연의 풍경을 넘어서 언어와 존재, 그리고 인간의 본질 탐구를 보여준다. 화자는 자연의 이미지를 사용해 언어와 인간의 존재를 비교하며, 그 속에서 시와 삶과 인간의 존재론적 본질을 탐구한다. 화자는 '나무'를 하나의 문장처럼 각각 독립적인 존재로 비유한다. 나무는 자연의 일부로서 각기 고유한 형태와 존재감을 지닌 개체이다. 화자는 이들을 언어적 요소인 '문장'과 '형용사'에 비유하여 존재의 본질을 투시하는 것이다.

11월 울긋불긋하게 나무의 문장을 수식하는 형용사들은 "사전 속"의 추상적인 개념으로 돌아가 이제는 간결한 본질적 실체만 남았다. 화자는 비본질적인 외피를 벗고 본질을 드러내는 상태를 "체로(體露)의 존재"와 "문장 하나"로 비유한다. '체로'는 본질적인 실체가 이슬처럼 투명하게 드러난다는 뜻으로 읽히는데, 이는 감추어졌던 본질이 투명하게 드러나는 상태를 환기한다. 겨울이 오면서 나무는 울긋불긋 요란한 수식 없이 간결하고 본질적인 존재로 돌아가듯 시인 역시 존재의 본질에 다가가고 싶은 것이다. 언어의 장식적 요소가 사라지고 진정한 본질만이 남는 과정을 향해 가는 것이 김재우 시인의 시적 자의식이 아닐까. 이는 시인의 시편들이 장식적 요소나 수사적 기교를 부리지 않고 짧고 간결하며 압축적이고 상징적인 단형의 형태미를 통해서 확인할 수 있다.

5. 일상성의 성찰과 인간 회복의 꿈

김재우 시인의 『사랑하기 전부터 사랑한 것 아니냐』가 그리는 세계는 스펙트럼이 넓다. 지금까지 언급한 내용과 같은 비중으로 시인은 코로나 팬데믹, 세월호, 4·19 혁명 등과 같은 역사 사회적인 현실적 주제에도 주목한다. 그 주제는 또 자본주의 질서 체제에서 우리의 삶의 구체적 경험과 직접적으로 연루된 것들이기도 하다. 시인은 특히 시집 제2부에서 일상성을 통해 묵시록적 상상력과 공포, 자본주의 시장 논리와 기술 문명이 야기하는 반복의 신화, 물신 욕망의 생태와 인간 소외의 수사학을 전경화해 보여준다. 다분히 문명 비판적 성향을 짙게 드리운 이런 종류의 시편들은 일상성의 성찰을 통해 궁극적으로는 그 재앙과 환란의 디스토피아에서 인간성 회복을 기도하는 것으로 이해할 수 있다.

자본주의 발전에 의한 도시적 삶의 양적 팽창은 평균적이며 균일적 일상성으로 현대인의 삶을 변화시켰다. 도시적 일상의 평균적인 균일성은 현대적 삶의 근본 특징이다. 대량 생산과 도시화, 그리고 대중 매체의 발달로 인해 현대인의 삶이 일정한 유형을 반복하게 되면서 일상성은 현대성의 무의식을 이루는 중요한 개념이 되었다. 자본의 무의식 세계로의 침투가 가속화되는 후기 산업 사회로 접어들면서 일상성은 현대성을 이해하는 데 중요한 개념이다. 따라서 김재우 시인이 보여 주는 일상성에 대한 탐구는 전지구화된 자본주의 문명과 이것이 배태한 도시 문명의 현대성을 이해하고, 그 상부 구조를 이루는 시를 이해하는 데 일정한 준거틀을 제공해 준다.

    죽음의 시대가 도래하였다
    수많은 마스크가 죽어갔다
    마스크는 장례식도 없이 아무 데나 유기되었다
    마스크가 죽어간 만큼
    마스크는 또 태어나 죽어갔다
    말없이 죽음의 키스를 마치고
    전사처럼 죽음에 저항한
    마스크들의 죽음을 아무도 애도하지 않았다
    죽음의 시대를 아무도 두려워하지 않았다
    죽음은 나의 것이 아니라
    타자에 속한 것이었다
    마스크의 화장터가 부족해도
    그건 뉴스에 불과하였다
    주검은 자막에 뜨는 숫자에 불과하였다
    삶이 죽음보다 더 끔찍했다

—「마스크 시대」전문

　코로나 팬데믹을 통과하는 공포스러운 상황을 그리는 인용 시는 마스크를 죽음의 상징으로 비유해 죽음이 엄습하는 공포와 죽음에 무감각해진 끔찍한 상황, "죽음의 시대"를 고통스럽게 직시하고 있다. 수많은 일회용 마스크가 쉽게 버려지듯 죽어가는 생명, 그리고 "장례식도 없이 유기"되고 "아무도 애도하지 않"는 냉담한 죽음, 또 "아무도 두려워하지 않"는 죽음은 얼마나 끔찍하고 묵시록적이며 그로테스크한가. 화자가 투시하는 것은 현실이 은폐했던 불길한 죽음이다. 이를테면 "삶이 죽음보다 더 끔찍"한 죽음의 일상화이다. 여기에서 죽음으로 얼룩진 그로테스크한 일상의 풍경은 구원의 가능성을 상실한 묵시록적 현실 세계를 지시한다.

　넘쳐나는 죽음 앞에서 죽음을 두려워하기보다는 그것을 "타자에 속한 것"으로 인식하며, 묵시록적 일상의 풍경에서 죽음은 단지 '뉴스'거리나 "숫자에 불과"한 것이 되어버린 것이다. 죽음에 대한 감각은 마비되고 냉담한 무관심이 있을 뿐이다. 일상과 죽음 사이의 경계가 모호해지고 그에 따라 오히려 살아 있는 "삶이 죽음보다 더 끔찍"한 고통스럽고 냉소적인 묵시록적 세계 인식의 전망 부재와 종말적 파국에의 불길한 예감으로 인해 이 시는 그로테스크하기 짝이 없다. 한편으로 죽음을 예감하는 묵시록적 상상력은 문명 비판적 성찰을 보여준다. 왜냐하면 대개의 재앙 서사가 그러하듯 인간의 탐욕과 오만이 정체불명의 바이러스라는 재앙을 부르는 것이기 때문이다.

김재우 시인이 죽음의 일상성을 탐구한다는 것은 단순히 팬데믹 상황이 시의 제재이어서가 아니다. 중요한 것은 죽음을 일상성으로 형상화함으로써 정상적이라 생각했던 현실이 은폐하고 있는 죽음의 공포와 폭력의 드러남이다. 따라서 김재우 시인이 보여 주는 묵시록적 상상력은 존재의 불안과 공포, 자아와 세계의 분열, 소외와 상실을 경험하고 확인하는 것이며, 이를 통해 현대 문명의 착란적인 욕망과 소외, 공포와 불안의 세계를 반성적으로 성찰하는 것이기도 하다. 왜냐하면 묵시록적 상상력은 다양한 시간의 범주들이 일으키는 무정형의 혼돈을 감지하고 맞서려는 인간의 근본적인 욕구에 의한 것이기 때문이다.

    언제부터인가
    손가락은 더 이상 신체의 말단 기관이 아니다
    언제부터인가
    내가 손가락을 움직이는 것이 아니라

손가락이 나를 움직인다
언제부터인가
나와 나의 세상은 손가락 끝에 달려 있다
언제부터인가
손가락은 명령하고 나는 행동한다
손가락은 손가락이 클릭하는 대로
나와 세상이 움직이도록
완벽한 손가락 혁명을 수행 중이다
—「HOMO FINGERTUS」 전문

인용 시는 디지털 기기에 포획된 일상적 삶과 사유 방식과 행동 양식에 대한 시적 보고서에 가깝다. 화자는 이 보고를 통해 무의식을 지배하고 조종하는 이데올로기에 대한 탐색을 보여준다. 화자는 삶의 일상적 사실에 접근해 반복되는 경험의 타율성과 속악성을 전경화하여 풍요롭고 편리하며 안락해 보이는 일상의 세부를 볼품없고 추한 것으로 그려낸다. 그것은 기계적이고 자동 강박적이기 때문이며 획일적이고 반복적이기 때문이다. 그러나 이러한 일상성은 기술 문명의 소비 자본주의 사회로 명명되는 오늘날 "사회를 알기 위한 실마리"(앙리 르페브르, 박정자 역, 『현대사회의 일상성』)를 제공해 주는 것이기도 하다.

이 시는 스마트폰으로 대표되는 디지털 기기가 상징하는 강제된 욕망과 조작된 무의식에 대한 반성으로 읽힌다. 우리는 머리로 사유하는 것이 아닌 '손가락'으로 사유하고, '나'의 자유 의지에 따라 '손가락'이 움직이는 게 아니라 '손가락'이 자동 반복 강박적으로 '나'를 움직이게 한다. 이제 손가락은 단순한 신체의 일부가 아니라 우리의 삶을 지배하는 주체로 변모한 것이다. 우리의 삶과 세상은 스마트폰이나 디지털 기기의 작은 화면, 즉 손가락 끝에 의존하고 있다. 아니 종속되어 있다. 인간의 사유와 행동을 조종하는 '손가락'은 삶을 획일화하는 강제적 명령의 기호인 것이다. 그것은 일상의 무의식을 지배하고 억압하는 기제이다. 화자는 일상성이 품고 있는 강제성, 즉 자동 반복 강박적 무의식을 반성하는 것이다. 요컨대 화자는 일상적 삶에 내재한 도구화되고 획일화된 타율성에 대한 비판이다. 이러한 비판은 현실의 맹목적 상태에 대한 비감한 시적 반성의 의미를 내포한다.

　김재우 시인의 『사랑하기 전부터 사랑한 것 아니냐』에서 자본주의 문명에 대한 비감한 시적 반성은 물화된 세계의 상업적이며 경쟁의 가치관을 반영하는 「간판들의 아비규환」, 종교와 신앙의 가치나 상징마저도 결국 소비적이고 기계적인 것으로 변질되고 신을 잃어버린 채 방황하는 아이러니한 상황을 그리는 「부처님 똥통에 빠지다」나 「숨은 신」에서 그 의미론적 맥락을 연속한다. 김재우 시인의 대사회적인 현실 인식은 또한 세월호의 비극을 그리기도 하고, "구급차 사이렌 소리만/세상을 흔들어 깨"우는 "폭정"(「폭설」)의 근대사를 주목하기도 한다. 그리하여 '김재우'라는 시적 주체가 보여 주는 모든 시적 사유는 현실 원칙이 금지한 "억압된 욕망을 욕망"(「욕망」)하며, 스스로 존재하기 위해 자명한 것을 '의심'하고 '거부'(「무정부적으로」)하는 데로 모인다. 김재우 시인은 이 모든 '의심'과 '거부'를 통해 진정한 인간 회복을 꿈꾼다.

시인의 말

내 넋두리가 시가 되겠느냐
시가 밥이 되겠느냐
시가 돈이 되겠느냐

슬퍼 마라,
나의 시여!

아무것도 되지 마라,
나의 시여!

사전 밖으로 나온 말들이
길을 잃고 타락한 시대

서랍장의 어둠을 깨치고 나온
나의 시가 길을 찾아 떠돌다,
막다른 골목에 절망을 만나
함께 울 수 있다면!

나의 시의 행간에서
날갯짓처럼 떠오르는 말들이
상처 난 가슴에
풍경을 울릴 수 있다면!

          2024년 12월
            김재우

사랑하기 전부터 사랑한 것 아니냐

2024년 12월 20일 초판 1쇄 펴냄

지은이 _ 김재우
펴낸이 _ 양문규
펴낸곳 _ 詩와에세이

신고번호 _ 제2017-000025호
주　　소 _ (30021)세종특별자치시 조치원읍 충현로 159, 상가동 107-1호
대표전화 _ (044)863-7652
팩시밀리 _ 0505-116-7653
휴대전화 _ 010-5355-7565
전자우편 _ sie2005@naver.com
공 급 처 _ 한국출판협동조합
주문전화 _ (02)716-5616
팩시밀리 _ (031)944-8234~6

ⓒ 김재우, 2024
ISBN 979-11-91914-74-0 (03810)

* 지은이와 협의하여 인지는 생략합니다.
* 이 책 내용의 전부 또는 일부를 재사용하려면 반드시 지은이와
  詩와에세이 양측의 동의를 받아야 합니다.
* 책값은 뒤표지에 표시되어 있습니다.